La Expansión Y El Apogeo Del Imperio Otomano: La Historia Del Imperio Turco A La Altura De Su Poder
Por Charles River Editors

Una foto de la bandera otomana

Sobre Charles River Editors

Charles River Editors es una editorial boutique digital, especializada en revivir la historia con libros educativos y atractivos sobre una amplia gama de temas. Manténgase al día con nuestras ofertas nuevas y gratuitas con este registro de 5 segundos en nuestra lista de correo semanal, y visite Nuestra página de autor Kindle para ver otros títulos de Kindle recientemente publicados.

Hacemos estos libros para usted y siempre queremos conocer las opiniones de nuestros lectores, por lo que le animamos a dejar comentarios y esperamos publicar nuevos y emocionantes títulos cada semana.

Introducción

Representación del sitio otomano de Constantinopla en el siglo XV

El Apogeo del Imperio Otomano

En términos de geopolítica, quizás el acontecimiento más importante de la Edad Media fue el exitoso asedio otomano de Constantinopla en 1453. La ciudad había sido una capital imperial ya en el siglo IV, cuando Constantino el Grande cambió el centro de poder del Imperio Romano, estableciendo efectivamente dos mitades casi igualmente poderosas del imperio más grande de la antigüedad. Constantinopla seguiría siendo la capital del Imperio Bizantino incluso después de que la mitad occidental del Imperio Romano se derrumbara a finales del siglo V. Naturalmente, el Imperio Otomano también usaría a Constantinopla como capital de su imperio después de que su conquista terminara efectivamente con el Imperio Bizantino, y gracias a su ubicación estratégica, ha sido un centro comercial durante años y sigue siendo uno de ellos hoy en día bajo el nombre turco de Estambul.

El fin del Imperio Bizantino tuvo un profundo efecto no sólo en el Medio Oriente sino también en Europa. Constantinopla había jugado un papel crucial en las Cruzadas, y la caída de los bizantinos significó que los otomanos ahora compartían frontera con Europa. El imperio islámico fue visto como una amenaza por el continente predominantemente cristiano en el oeste, y tomó poco tiempo para que diferentes naciones europeas empezaran a chocar con los poderosos turcos. De hecho, los otomanos chocarían con rusos, austríacos, venecianos, polacos y más, antes de colapsar como resultado de la Primera Guerra Mundial, cuando formaban parte de los poderes centrales.

La conquista otomana de Constantinopla también desempeñó un papel decisivo en el fomento del Renacimiento en Europa occidental. La influencia del Imperio Bizantino había ayudado a asegurar como guardián de varios textos antiguos, sobre todo de los antiguos griegos, y cuando Constantinopla cayó, los refugiados bizantinos acudieron en masa al oeste para refugiarse en Europa. Esos refugiados trajeron libros que ayudaron a despertar el interés por la antigüedad, que alimentó el renacimiento italiano y esencialmente puso fin a la Edad Media.

Después de tomar Constantinopla, el Imperio Otomano pasaría los próximos siglos expandiendo su tamaño, poder e influencia, topándose con Europa Oriental y convirtiéndose en uno de los actores geopolíticos más importantes del mundo. Fue un ascenso que no empezó a decaer hasta el siglo XIX. *La Expansión y el Apogeo del Imperio Otomano: La Historia del Imperio Turco en la Altura de Su Poder* examina lo que hizo crecer el imperio y el poder de los turcos. Junto con fotos de personas importantes, lugares y eventos, aprenderá sobre el apogeo del Imperio Otomano como nunca antes.

La Expansión Y El Apogeo Del Imperio Otomano: La Historia Del Imperio Turco A La Altura De Su Poder

Mehmed II

Los orígenes del Imperio Otomano y la dinastía que lo fundó están rodeados de leyendas y misterios. La mitología alrededor de Osman I y su familia más cercana creó una imagen de la dinastía, legitimando su herencia y el derecho a gobernar. Si bien algunas de ellas seguramente son verdaderas, muchas de ellas también pueden ser exageradas. Incluso el verdadero origen de la dinastía otomana es muy debatido por los historiadores modernos. La opinión general es que los otomanos descendían de la tribu Kayi, una rama de los turcos oghuzos. Esto nunca se mencionó en ningún registro escrito en el momento de la vida de Osman I, sino hasta 200 años después, lo que lo convierte en una declaración altamente discutida. Los escritores contemporáneos alegarían que Osman era descendiente de la tribu Kayi para engrandecerlo.

La tribu Kayi era poderosa, próspera y jugó un papel importante en la región del Cáucaso, tanto en la época anterior al nacimiento de Osman como durante cientos de años después. Enlazar a la dinastía otomana con tal tribu funcionaría como un incentivo para mantener buenas relaciones con la tribu Kayi actual, y también inflaría la historia sobre cómo la dinastía otomana descendió del poder y la influencia política. También apoyaría el derecho heredado de la dinastía otomana a gobernar el área. Aunque esto puede que nunca se haya resuelto claramente entre los historiadores de hoy en día, se sabe que la familia de Osman era una de los muchos turcos oghuz procedentes de lo que hoy es Kazajstán occidental, justo al este del Mar Caspio.

Osman fue el primer jefe expansionista de lo que iba a ser uno de los imperios más grandes del mundo. Después de sólo unas pocas generaciones, el pequeño *beylik* había crecido hasta incluir la mayor parte de Anatolia, los Balcanes y trozos de la península del Peloponeso. Para la época del séptimo sultán, Mehmed II, los otomanos habían derribado el Imperio Bizantino, antes el poder dominante en el Este. Este importante concursante había sido derrotado y enterrado con la conquista de Constantinopla en 1453, y el Imperio Otomano finalmente había mostrado su verdadera fuerza contra la alianza cristiana en Occidente. Aunque Mehmed ya había logrado más que muchos de sus predecesores, no descansó después de la conquista. Al final de su reinado, era conocido en toda Europa y Asia Central como el Sediento de Sangre, pero para sus compatriotas, fue considerado un héroe, incluso hasta el día de hoy. No sólo anexó grandes porciones de territorio a su imperio, sino que también estabilizó una zona azotada por los levantamientos y la conmoción política. Al desarrollar su milicia, el aparato estatal y las instituciones culturales, sentó las bases de lo que sería el apogeo del Imperio Otomano. La inclusión de las minorías religiosas tuvo un impacto positivo en el imperio próspero, y los siglos siguientes son considerados una edad de oro por los historiadores modernos.

Mehmed II

Después de que Constantinopla había sido sitiado y conquistada con éxito, Mehmed reclamó el título de César-emperador-con la afirmación de que estaba en posesión de la capital del antiguo Imperio Romano Oriental, así como tener un linaje de sangre con antiguo emperador de los bizantinos por el matrimonio del sultán Orhan I con una princesa bizantina. El reclamo fue reconocido por la Iglesia Ortodoxa, gracias al esfuerzo realizado para reconstruir y mantener las instituciones cristianas en Constantinopla, y a la apertura de la sultanía otomana para las minorías judía y cristiana.

Como emperador, los ejércitos de Mehmed continuaron rápidamente sus expediciones al oeste. El primero en la fila fue Serbia, que había sido durante mucho tiempo un estado vasallo y un aliado del Imperio Otomano. Las dos familias gobernantes se habían casado, y el déspota serbio había estado al lado de Mehmed y su padre en muchas batallas en las décadas anteriores. Mehmed también estaba casado con un miembro de la familia del déspota, lo que no impidió al nuevo rey serbio aliarse con Hungría, lo que afectó al sultán otomano. Pasaron cinco años de batallas antes de que el Despotado se disolviera, y todo menos Belgrado había sido cedido a Mehmed. Al mismo tiempo anexionó la punta de la península griega, conocida como el Despotado de Morea, a donde el ex-emperador bizantino había huido para vivir con su hermano. A excepción de algunos cónclaves pertenecientes a la República de Venecia, Morea había sido disuelta en 1460. Se rumorea que después de haber conquistado la península, al visitar Troya, Mehmed anunció con orgullo que había vengado a los troyanos al tomar las tierras del dominio griego.

Los éxitos de Mehmed en el asedio y la anexión de nuevos territorios parecían perpetuos, gracias a su muy leal y competente Gran Visir Gedik Ahmed Pasha que, junto con el gobernador Turahanoğlu Ömer Bey, dirigió muchas de las batallas en los Balcanes y en Grecia. Mientras que Mehmed estaba ocupado en un frente, sus oficiales protagonizaron fructíferas batallas por toda Europa Oriental, permitiendo la continua expansión del territorio otomano. Los líderes de los estados vasallos intentaron más de una vez rebelarse contra el imperio negándose a pagar impuestos y formando alianzas con los reinos de Europa Occidental. Sus sediciones eran más o menos inútiles, y los otomanos consiguieron finalmente conquistar la mayoría de los territorios que intentaron conquistar.

Mehmed lideró muy pocas pérdidas durante sus años como líder de la campaña militar, la más severa de las cuales fue en Valaquia, un estado vasallo del imperio, contra el traicionero Vlad III Drácula que, una y otra vez, atacó a las fuerzas turcas en las cercanías. Después de que Vlad Drácula empalara a un gran número de soldados turcos, Mehmed fue a Valaquia para dirigir una serie de batallas, que terminaron con una victoria otomana y el restablecimiento del control de la zona. Al mismo tiempo, Mehmed reclamó Moldavia, que resultó ser una adquisición costosa para el imperio, aunque victoriosa al final.

Vlad el Empalador

La ronda de conflictos más grave fue la guerra en curso contra la República de Venecia. Durante 16 años, las dos potencias se encontraron en varias batallas en la costa del mar Egeo y las islas en el mar Egeo. Venecia había dominado el Mediterráneo durante siglos, y su flota era extraordinariamente superior a todas las demás potencias navales de la época. Durante la serie de campañas que se conocieron como la Guerra Otomano-Veneciana, las escalas se inclinaron a favor de los turcos. Al conquistar la isla de Lesbos, también anexaron Albania y Negroponte. La guerra terminó con el Tratado de Constantinopla en 1479, cuando la República de Venecia acordó ceder algunos enclaves importantes de la costa dálmata a los otomanos a cambio de la paz en los lugares que se les permitió mantener. El tratado también imponía un tributo anual por permitir que Venecia siguiera comerciando en el Mar Negro, lo que mermaba su posición como estado de comercio naval en el Levante.

Además de centrarse en la guerra con los venecianos, Mehmed II también hizo corridas a lo largo del Mar Negro y saqueó al último de los estados sucesores bizantinos, el Imperio de Trebisonda. Así, el último vestigio de lo que había sido el Imperio Romano finalmente sucumbió en 1461. El ataque a Trebisonda fue un ataque preventivo contra un emperador intrigante que había estado tratando de engatusar a más estados cristianos para luchar contra los otomanos y eventualmente conquistar Jerusalén, y estos planes le dieron a Mehmed un pretexto para borrar los últimos restos de Bizancio. Después de la conquista, permitió que las diócesis (áreas administrativas bajo el gobierno de un obispo cristiano) continuaran administrando sus servicios a los cristianos en el territorio.

El Imperio Otomano ahora tenía un largo tramo de tierra a lo largo de la costa sur del Mar Negro, ganando más influencia en el comercio naval. Mehmed dio otro paso hacia la dominación total cuando las condiciones de los tártaros turcos que vivían bajo el dominio genovés en Crimea empeoraron, y el sultán fue llamado a socorrer. En vez de liberarlos, incorporó la península al imperio, reclamando aún más comercio a través del Mar Negro.

Mientras la guerra en la Península Griega se desataba en ráfagas irregulares, a Mehmed se le presentó otra oportunidad de oro para conquistar a un viejo enemigo en Anatolia: las Karamámidas. Después de la caída del Sultanato de Rum, las Karamánidas fueron el beylik más poderoso en Anatolia, pero a medida que el Imperio Otomano crecía, la influencia de las Karamánidas disminuyó. En la época de la devastadora Batalla de Ankara, en la que el gobernante de Asia Central, Timur, aplastó a los ejércitos otomanos y mató al sultán, Anatolia cayó en el caos. Los Karamánidas hicieron algunos esfuerzos para restablecerse como el poder gobernante de Anatolia, pero después de que el Interregno Otomano terminó una década más tarde, las tierras reclamadas fueron rápidamente recuperadas. El antagonismo entre la dinastía otomana y las Karamánidas se fue levantando a la superficie a lo largo de los siglos. Cuando las cosas cambiaron y estalló la guerra civil entre los herederos de las Karamánidas, Mehmed simplemente entró para anexar el territorio. Después de otra década, decidió subsumir completamente el estado de Karamánido, aboliéndolo. Al hacerlo, también desplazó a toda la población a los enclaves alrededor de su imperio para impedir que se unieran y volvieran a levantarse contra los otomanos.

Al final del reinado de Mehmed, estaba claro que había sido el líder más importante del Imperio Otomano hasta ese momento, excepto el mismo fundador. Aparte de las ganancias territoriales, hizo cambios significativos en la forma de administrar el imperio. Con él se perfeccionó la práctica del devshirme, mientras que los Jenízaros ganaron importancia y apoyaron al sultán. Para establecer una total lealtad y confianza entre Mehmed y sus visires -cuyas responsabilidades y autonomía crecían constantemente-, Mehmed los reclutó a través del devshirme en lugar de las habituales familias nobles. Al elevar el estatus de las familias más pobres y la estabilidad económica, se ganó la confianza de los sujetos que, a su elección, se convertirían en altos funcionarios y miembros del gobierno. También registró sistemáticamente a sus jefes, creaba registros de sus títulos, salarios y responsabilidades, y cómo se relacionaban entre sí y con el sultán. Rompió con la tradición ghazi de ceremonias y rituales donde ciertas personas tenían un rango superior dependiendo de su herencia. También pagó a los eruditos religiosos, haciéndoles leales y defendiéndolos posteriormente en asuntos religiosos relacionados con su régimen autoritario. Su contribución más importante fue la institución de un código de derecho secular en asuntos en los que la ley Sharia no podía ser utilizada. Estas leyes, denominadas kanunnames, se referían principalmente a cuestiones económicas y fiscales, arrojando una luz pragmática sobre las cuestiones administrativas que surgían en torno al imperio. Al mismo tiempo que Mehmed distribuía el poder del imperio a más y más visires, también consolidó su poder como gobernante autónomo, excluyéndose a sí mismo de los funcionarios inferiores, por lo que el pueblo no tenía acceso a él. Sus visires y empleados administrativos se ocuparon de las cuestiones que surgían sobre el terreno, mientras que él tomaba decisiones autoritarias sobre la estructura y la construcción del imperio. No es sorprendente, que Mehmed fue quien introdujo la palabra "política" al Imperio Otomano.

Dicho esto, no todo era política bajo el gobierno de Mehmed II. Era apto cuando se trataba de asuntos culturales y religiosos y entretenía a estudiosos, artistas, poetas y teólogos de Oriente y Occidente. Su corte fue una mezcla multicultural de ciencia, religión y arte, donde pintores italianos, patriarcas cristianos y poetas persas se mezclaban. Alentó la traducción de la doctrina cristiana al turco para comprender mejor a los grupos minoritarios de su imperio, y finalmente estableció la primera versión de los millets, tribunales autónomos de leyes donde judíos, cristianos y musulmanes podían ser juzgados de acuerdo con una legislatura separada de sus leyes religiosas. Esto permitía a la gente practicar su religión libremente dentro del dominio otomano, gobernándose a sí mismos en asuntos personales sin interferencia del gobierno otomano. Los millets llegaron a la práctica completa con la ampliación y más intrincada actualización de los Kanunnames bajo la regla del nieto de Mehmed, Solimán.

La búsqueda final de Mehmed fue un intento de conquistar Italia. En Roma, el Papa temía sufrir el mismo destino que sufrió Constantinopla, por lo que reunió a otros estados cristianos para que acudan en su ayuda. La República de Venecia fue la única que se negó por respeto al tratado de paz que había firmado con los otomanos en 1479. Hungría, Francia y varias otras ciudades-estado italianas respondieron al llamado, y al final, la expedición otomana en Italia fue efímera. Después de conquistar Otranto en 1480, negociaron para devolverlo a Roma a cambio de un paso libre mientras se retiraban de Italia.

Mehmed murió poco después de este esfuerzo en circunstancias misteriosas. Haciendo campaña, sin mostrar signos de debilidad o enfermedad, de repente cayó gravemente enfermo y murió a los pocos días. Algunos historiadores afirman que el hijo y heredero de Mehmed, Bayezid II, lo había envenenado, mientras que otros dicen que se debió a la vejez y a causas naturales. Mehmed estaba planeando una posible toma de posesión en Egipto cuando murió, un sueño que no se materializó, para alegría de los mamelucos que gobernaban la costa sur del Mediterráneo.

Con la noticia de la muerte de Mehmed, las campanas de las iglesias sonaron por toda Europa, y los reyes occidentales expresaron la esperanza de disfrutar de un respiro de la agresión otomana. Bayezid tomó el trono, y de acuerdo con los deseos de Europa, el Imperio Otomano cambió de dirección durante su reinado.

Bayezid II

Mehmed II murió en Gebze a la edad de 52 años. Después de 28 años como sultán, había derrotado dos imperios y conquistado 14 estados y más de 200 ciudades.

Pax Otomana

Independientemente de si Bayezid envenenó a su padre, su reinado comenzó con el tipo de caos que se podía esperar después de tan repentina toma de poder. Como ya se había convertido más o menos en la norma, sus primeras batallas fueron contra un hermano en busca del trono. Cem, su hermano, atacó con éxito a Bursa, Inegöl y, más tarde, Ankara, Anatolia y Konya, aunque sólo consiguió dominarlos durante un breve periodo de tiempo. Bayezid derrotó a su hermano con el apoyo de los ejércitos de su padre, y Cem huyó primero con los Caballeros Hospitalarios en Rodas y luego a la Italia continental bajo la protección del Papa. Lo que Cem no sabía era que su hermano había sobornado a los gobernantes cristianos para que lo mantuvieran prisionero. Cem no era un huésped sino un rehén en Italia, y murió en la cárcel de Neapel mientras Bayezid unificaba y amalgamaba los territorios que su padre había anexionado.

Como gobernante, Bayezid insistió en mantener unido el imperio, unir y fortalecer el aparato estatal e integrar a las minorías con los mismos incentivos que su padre. A excepción de una campaña militar que dio lugar a un control total sobre el Peloponeso y algunas batallas menores con el Shah de Irán en el este, Bayezid no llevó a la expansión del imperio más lejos por la conquista. Es recordado por la evacuación de las poblaciones judía y musulmana perseguidas por la Inquisición en la recién formada España. Su acción es testimonio del alto nivel de tolerancia en el Imperio Otomano, donde no sólo acogieron a los refugiados, sino que les ayudaron a escapar. La crueldad de la Inquisición española destaca en claro contraste con las políticas de millet que garantizaban un cierto nivel de libertad religiosa. Bayezid envió a su visir de confianza con una flota otomana para que se uniera a las minorías religiosas en los territorios otomanos. Se dice que Bayezid se rió de la estupidez de Fernando e Isabel de España por "empobrecer a su propio país y enriquecer el mío". La minoría judía era vista como un activo, útil tanto cultural como económicamente, y Bayezid alentó a sus subyugados a acoger a los refugiados con los brazos abiertos. Se le conoció como "Bayezid el Justo", y su reinado fue el comienzo de lo que los historiadores hoy llaman el Pax Otomano -una referencia a la Pax Romana, que fue un período de paz y prosperidad en el antiguo Imperio Romano. Los historiadores que utilizan el término Pax Otomana se refieren a la época de Bayezid y los dos emperadores siguientes, que también compartían el objetivo de desarrollar leyes y reglamentos, dar a las personas libertad y responsabilidades como ciudadanos, fortalecer el régimen autoritario del sultán, y la construcción de relaciones sólidas de confianza entre el sultán, visires, funcionarios, jueces, los militares y el pueblo. La obra había sido iniciada por Mehmed II, y sus sucesores se dieron cuenta de los beneficios de construir un estado basado en la liberación más que en la subyugación, ganando así respeto y dedicación en todas las líneas. Aparte del desarrollo de las instituciones políticas, Bayezid II compartía el mismo interés en la cultura, religión, ciencia y educación que su padre, y la corte consideraba a otras culturas como una oportunidad para aprender y compartir.

Con la toma de Crimea y Peloponeso, los otomanos también llegaron a dominar el comercio en el Mediterráneo y el Mar Negro. En el lugar perfecto para ser la única puerta de entrada entre Europa y Asia, el Imperio Otomano se convirtió en un crisol natural, que benefició enormemente tanto a los gobernantes como a la gente que vivía bajo el imperio.

Bayezid II también fue notable por sus muchos hijos como resultado de sus ocho matrimonios. No sólo tuvo 8 hijos sino también 12 hijas, que fueron casadas en arreglos políticamente convenientes con familias de todo el imperio. A medida que Bayezid envejecía, sus hijos aumentaban su sed de poder y codiciaban el trono. Incluso antes de su muerte, en 1509 estalló la guerra civil entre Ahmet y Selim, dos de sus hijos. Ahmet reunió un ejército inesperado y logró conquistar a Karamánidas, así como luchar contra el alboroto de los Safávidas en Asia Menor. Impulsado por el éxito, se volvió hacia Constantinopla, donde su anciano padre se negó a dejarlo entrar. En su lugar, Selim encontró apoyo entre los Jenízaros, derrotó y mató a Ahmet en batalla. Selim entonces, más o menos, forzó a su padre a abdicar a la edad de 62 años. Bayezid II se retiró para quedarse en el territorio donde había nacido. Tan misterioso y repentino como su padre, Bayezid murió en la carretera, posiblemente envenenado por el recientemente aclamado emperador.

Selim I

Selim comenzó su reinado ejecutando a sus otros hermanos y persiguiendo a su sobrino, el hijo de Ahmet, al exilio. El reinado de Selim fue corto pero eficiente y generalmente se considera una ruptura en la Pax Otomana. Una de las causas del carácter más belicoso de Selim, en comparación con su padre y su futuro heredero, fue una creciente amenaza en el este; después de varias décadas de relativa paz y estabilidad interna, los musulmanes suníes otomanos descubrieron un nuevo enemigo en los persas chiítas. El Shah Ismail persa estaba en una búsqueda para difundir el islam chiíta por toda Eurasia, Asia menor, y a través de la frontera hacia Anatolia. Este fue el comienzo de un continuo antagonismo entre Shia y el islam sunita, gracias a una burla personal y mutua entre Selim y Shah Ismail, quienes se enviaron mensajes que contenían insultos de un lado hacia el otro mientras marchaban a la batalla entre ellos. Selim también había impuesto un embargo muy estricto sobre la seda persa cerrando las fronteras de Persia, con la intención de cerrar Ismail del resto del comercio mundial. Mientras marchaba hacia Persia, Selim fue tratado de usar tácticas de tierra quemada mientras Ismail retrocedía a su reino, intentando matar de hambre a los ejércitos otomanos. También estaba luchando contra los uzbekos en Extremo Oriente, y sus fuerzas aplicables eran menores que el gran ejército que venía del oeste. Cuando llegaron a Chaldiran en agosto de 1514, después de sólo dos años de gobierno de Selim, los turcos se debilitaron, pero todavía superaban en número a los Safávidas bajo el gobierno de Ismail.

La batalla fue rápida y agudamente ejecutada. Lo que hizo que la victoria fuera aún más decisiva fue el acceso a la artillería, algo que los otomanos habían adquirido bajo Mehmed II que el Shah persa se había negado repetidamente a hacer. Selim ganó grandes cantidades de tierra en el norte de Irak, el noroeste de Irán y Azerbaiyán en la actualidad, mientras que la influencia del Shah disminuyó. Se retiró a su palacio, para que no ser vuelto a en un campo de batalla.

Después de este éxito, Selim completó los sueños de su abuelo de conquistar Egipto, actualmente bajo el gobierno de los mamelucos, donde, en El Cairo, el último Califa Abasí se sentó en el trono. Una vez más, los otomanos se enfrentaron a un ejército enemigo tradicionalmente equipado, orgullosos de usar arco y flecha en lugar de modernizar sus armamentos. Contra los hábiles Jenízaros equipados con armas de fuego y arcabuces modernos, no tuvieron muchas posibilidades, y Siria fue conquistada en una sola batalla. Poco después, Egipto fue derrotado después de dos rápidas batallas, y el Califa fue exiliado a Constantinopla.

En ese momento, Selim estaba en posesión de Damasco, El Cairo y Jerusalén, haciendo que la Península Arábiga temiera que fuera por a La Meca y Medina. El Sharif de La Meca se sometió a Selim sin luchar, y con eso las santas ciudades del islam habían caído en sus manos más fácilmente de lo que se podía esperar. Esta fue una conquista significativa, ya que cambió el centro del imperio del pasado bizantino antiguo hacia importantes fortalezas islámicas árabes. Selim fue honrado con el humilde título de "El Siervo de las Dos Ciudades Sagradas", y hoy se discute si el Califa exiliado transfirió o no su título a Selim, como los historiadores del siglo XVII habían afirmado. Como Selim no ejerció ningún derecho sagrado después de su posible elevación, los historiadores modernos concluyen que no fue así.

El reinado de Selim duró sólo ocho años, pero su legado era de gran importancia para lo que vendría con Solimán, el próximo gobernante. Los ocho años de conquista ampliaron el área del Imperio Otomano en un 70%, una expansión que fue posible gracias al interés del padre y abuelo de Selim por la ciencia y la modernización. La adquisición de armamentos y armas superiores resultó fundamental en las batallas con los ejércitos de Safávida y Mamelucos, tradicionalmente equipados, mientras que la modernización de los ejércitos otomanos había comenzado desde la conquista de Constantinopla bajo la dirección de Mehmed II unos 60 años antes. Los Jenízaros se habían convertido en un núcleo muy fuerte y vigoroso, que jugó un papel importante en las conquistas exitosas de Selim. Junto con el aparato fiscal y político mejorado bajo Bayezid II, el Imperio Otomano se convirtió en una fuerza mundial, lista para tomar la delantera en los ámbitos político, económico, cultural y militar dentro y fuera de su territorio. Todo esto allanó el camino para el verdadero apogeo del Imperio Otomano bajo el dominio del sucesor de Selim, Solimán el Magnífico.

Selim I murió después de sólo ocho años como sultán, y aunque su legado incluye grandes conquistas territoriales, poco se sabe de él como gobernante. Tampoco está claro cómo y por qué murió, aunque los registros sugieren algunas posibilidades diferentes. Algunos dicen que murió de una plaga que asolaba el área, mientras que otras fuentes dicen que murió de cáncer o una enfermedad de la piel llamada Sirpence. También hay sospechas de que su médico pudo haberlo envenenado, lo cual no es improbable considerando la reputación de Selim. Tenía la mala costumbre de ejecutar a sus visires, resultando en el acuño de la maldición popular en ese momento: "Que seas visir de Selim".

Sin embargo, murió, ya fuera por venganza o por causas naturales, su sucesor ascendió al trono de forma sorprendentemente pacífica. Aunque su heredero, Solimán, tuvo muchos hermanos, ninguno de ellos se menciona en los registros contemporáneos, sugiriendo que podría haber sido evidente desde la infancia que el inteligente, elocuente, benévolo y prudente Solimán asumirían las responsabilidades de su padre cuando llegara el día. Solimán tenía 27 años en el momento de la muerte de su padre, lo suficientemente maduro como para revivir la Pax Otomana dentro de su imperio.

Solimán el Magnífico

Para el momento de la ascensión de Solimán, el Imperio Otomano ya estaba en buenas condiciones. Era políticamente estable, culturalmente floreciente, dominaba el comercio en la zona y poseía una organización militar superior, lo que permitió a Solimán I continuar el trabajo de sus predecesores sin necesidad de cambiar la dirección del imperio. El gobierno agresivo de Selim dejó a los Jenízaros eficientes y fuertes, los mamelucos derrotados y las ciudades sagradas subsumidas en el imperio. La República de Venecia en el oeste, así como los Safávidas en el este, se habían debilitado, y por primera vez, el otomano tenía una flota capaz de desafiar las viejas estructuras comerciales y ascender como una nueva potencia dominante en los mares. Las cosas iban bien, y Solimán intentaba que siguieran así.

Durante su niñez estudió historia, ciencia, literatura, teología y táctica militar en el Palacio Topkapi de Estambul. Mientras vivía en el palacio, se hizo muy amigo de Pargali Ibrahim, uno de los muchachos esclavos que más tarde se convirtió en visir y fue uno de los amigos más confiables de Solimán. Solimán hablaba no menos de seis idiomas y escribía poesía en tres de ellos. Sus capacidades intelectuales se hicieron evidentes más tarde en la vida cuando reescribió y organizó el Kanuni, las leyes relativas a cuestiones fiscales y económicas, e instituyó las prácticas judiciales de los millets, haciendo más eficiente el gobierno del imperio. Solimán también tenía una fascinación por Alejandro Magno, y después de leer varias biografías sobre el rey macedonio, emuló las estrategias militares de Alejandro en sus diversas campañas. Bajo el reinado de su padre y su abuelo, Solimán había gobernado una provincia de Crimea como preparación para convertirse en sultán.

Mientras que su algo beligerante padre había sido moldeado por su temperamento ardiente y su severo juicio, Solimán era más prudente y de una mente más tranquila y pragmática. Una de sus primeras acciones como sultán fue levantar el embargo sobre el comercio de seda hacia y desde Persia, que había perjudicado tanto a los comerciantes turcos como a los Safávidas. Entonces instituyó un impuesto sobre todos los ciudadanos, lo que significaba que no importaba cuál fuera el rango o posición de una persona, seguirían estando sujetos a impuestos. En lugar de las caprichosas excepciones para las personas de ciertas familias o descendencias, el nuevo y transparente sistema tributario haría que todo el mundo pagara impuestos según sus ingresos, un sistema que todavía se sigue utilizando en gran medida en la actualidad. Más tarde instituyó protecciones para los cristianos y los judíos, liberándolos de la servidumbre y dándoles a los millets autoridad para gobernar a sus súbditos según su religión. Los historiadores llamaron a Solimán "el Magnífico", pero a sus contemporáneos, se le conoció como "el Legislador".

Solimán tenía sueños expansionistas -no como ningún otro sultán otomano- y fue inmediatamente puesto en acción cuando un levantamiento comenzó en Damasco en 1521. Solimán personalmente fue a pelear su primera batalla como sultán y ganó bastante fácilmente cuando el traidor gobernador otomano fue asesinado en la misma batalla. Más tarde ese mismo año, Solimán cabalgó hacia el oeste apuntando a Belgrado, una de las últimas fortalezas cristianas en territorio otomano, bajo el dominio del reino húngaro en ese momento. Utilizando tanto infantería, caballería y armamento pesado de asedio desde tierra, como una flotilla de barcos que impedía la llegada de ayuda potencial a través del Danubio, los inútiles intentos de Belgrado por defenderse fueron de poca utilidad, y la ciudad cayó en menos de dos meses.

La expansión otomana continuó apuntando a los cristianos, como había sido el hábito por muchos cientos de años. Aunque los fundadores del Imperio Otomano-Osman y su primer sucesor, Orhan, no habían sido firmes defensores de la fe islámica, la religión era una parte integral de la vida privada y oficial del imperio. En el siglo XVI, se había convertido en un elemento tan fuerte y definitorio que la mayoría de las campañas dirigidas por sultanes otomanos eran de naturaleza religiosa, ya fuera contra los viejos enemigos cristianos o contra los nuevos oponentes musulmanes chiítas del este. Debido a esto, Solimán se vio obligado a marchar hacia el sur, hacia Rodas para expulsar a los Caballeros Hospitalarios que habían residido en la isla desde los tiempos de las Cruzadas. Los caballeros se habían convertido en una molestia para muchos grupos de musulmanes de los alrededores últimamente, en su mayoría por actos de piratería. Los caballeros capturaron barcos de los otomanos y otros estados musulmanes, robando bienes valiosos y carga y esclavizando a las tripulaciones musulmanas. También atacaron a los barcos musulmanes que pasaban en su camino para realizar el Hajj, la peregrinación musulmana, en La Meca. Esto era algo que Selim no había podido poner fin durante su reinado y que Solimán había dado prioridad.

Los caballeros residentes ya habían anticipado un ataque de los otomanos y habían estado fortificando su capital usando esclavos musulmanes como mano de obra. Para el momento del asedio contra Rodas, la capital de la isla tenía tres anillos de muros de piedra como protección y los caballeros estaban preparados para que los vengativos otomanos se dirigieran hacia allí. Comenzando con una flota de 400 barcos y un ejército de 100.000 hombres liderado por el propio Solimán, el asedio comenzó en junio de 1522. Las fortificaciones resistieron la furia de los bombardeos otomanos y las minas de pólvora, y los habitantes de Rodas se negaron a aceptar a Solimán. Después de meses de olas de progreso vigorizante seguidas de reveses desmoralizantes, ambos bandos estaban exhaustos. Ningún otro aliado cristiano había venido a ayudar a los Caballeros Hospitalarios cuando los otomanos tenían una ligera ventaja en el asedio interno. A través de grandes pérdidas, era sólo cuestión de tiempo antes de que los muros acabaran cediendo.

Una representación medieval de los Jenízaros turcos asediando Rodas

En noviembre se negoció una tregua, pero las demandas de seguridad y privilegios de la población eran demasiado altas para que Solimán las aceptara. El asedio continuó durante otro mes hasta que los civiles finalmente tuvieron suficiente y presionaron al Gran Maestre de los caballeros para que negociara la paz. Solimán no mostró ninguna acritud y dio a los caballeros, así como a la población civil, términos generosos. A los caballeros se les dio 12 días para salir y se les permitió tomar armas, pertenencias personales y cualquier reliquia religiosa que quisieran junto con ellos. A la población se le dio la posibilidad de vivir bajo el dominio otomano durante tres años y poder irse cuando quisieran durante este período de prueba. Las personas que optaron por establecerse permanentemente en la isla estarían libres de impuestos durante cinco años y garantizaban la libertad religiosa bajo la promesa de que ninguna iglesia sería profanada y convertida en mezquitas. La mayoría de la población permaneció en la isla, ahora parte del Imperio Otomano. Los caballeros se marcharon de la ciudad en enero del año siguiente hacia los barcos de Solimán que se dirigían a Creta. Había decidido no aniquilar a los Caballeros Hospitalarios -algo que muchos de sus predecesores podrían haberlo hecho- después del exitoso asedio. Su objetivo había sido controlar el comercio en el Mediterráneo, un objetivo que logró en nombre del islam. En vez de instigar miedo y odio, su naturaleza prudente y sus soluciones diplomáticas le ganaron el respeto en toda Europa y Asia Central, lo que era poco común para un conquistador de sus medidas.

Después de Rodas, reanudó su campaña europea, precedida por algunas circunstancias notables. La dinastía de los Habsburgo había asumido el liderazgo del Sacro Imperio Romano, actualmente bajo el dominio de Carlos V, uno de los gobernantes más fuertes de la Europa medieval y renacentista. Carlos V había elegido luchar contra los francos, encarcelando a su rey después de que él cediera tierra significativa al Sacro Imperio Romano. Ahora, el rey francés Francisco I recurrió a Solimán para formar una alianza impía contra el imperio de los Habsburgo, una alianza que conmocionó y ofendió grandemente al mundo cristiano. Resultó ser una alianza que duraría más de tres siglos.

Carlos V

Francisco I

Francisco le pidió a Solimán que declarara la guerra a los Habsburgo, que residían en Viena, lo que coincidía con el objetivo de Solimán de conquistar Hungría. Solimán hizo de Hungría la primera parada en el camino a Viena, con la Batalla de Mohács que tuvo lugar justo a las afueras de Buda, la capital del reino húngaro. El ejército húngaro sufría las mismas deficiencias que muchos de los otros enemigos derrotados de los otomanos: su ejército no había adquirido armamento moderno, pero aun así invitaba al enemigo a luchar en campo abierto. El ejército húngaro tuvo la oportunidad de golpear a los otomanos en un estado debilitado después de que habían marchado en el calor abrasador durante días, pero esto no habría sido considerado caballeresco, por lo que los dos se encontraron en la batalla después de que se les permitió a los otomanos algún descanso. Los otomanos no sólo superaban en número a las fuerzas húngaras, sino que también tenían cuatro veces más armas y tres veces más cañones. La batalla de Mohács sólo podría haber terminado de una manera, y después de unas pocas horas, los húngaros habían sufrido pérdidas masivas, con unas 20.000 víctimas, mientras que los otomanos habían perdido unas 1.500 personas. El rey de Hungría, Luis II, escapó al anochecer, pero se cayó de su caballo y se ahogó en un río cercano.

La mayoría de su ejército fue aniquilado o capturado y al final de la batalla,

Solimán se quedó sacudiendo la cabeza con incredulidad, preguntándose cómo el gran reino húngaro sólo había sido capaz de reunir una fuerza diminuta y suicida para enfrentarse a ellos. Como precaución, los otomanos esperaron varios días antes de entrar en Buda, esperando la retribución de un segundo ejército. Cuando no apareció, entraron en la capital y la una vez poderosa Hungría vio sus últimos rastros de libertad durante muchos siglos.

Una representación otomana de la batalla

Luis II

Las pérdidas para los húngaros incluían hombres y territorio, pero la Batalla de Mohács se convirtió en un hito en la historia de Hungría. Durante un lapso de 400 años, la antigua Hungría sería ocupada por los otomanos, el Sacro Imperio Romano, el Imperio Austriaco y la Unión Soviética, hasta que finalmente recobraron su autonomía en 1989, aunque como un estado incapacitado. Todo esto era desconocido para Solimán en 1526 cuando se recuperó en la capital, iniciando un plan para asediar Viena.

Diferentes cronistas analizan el comportamiento de Solimán de diferentes maneras. Hay una plétora de opiniones en cuanto a sus motivos para intentar la toma de Viena, una ciudad bien cuidada y alejada del centro de su imperio. ¿Había pretendido conquistar todo el Sacro Imperio Romano? ¿Había pretendido reforzar sus fronteras? ¿Había actuado de acuerdo con las necesidades del rey Francisco I en Occidente? Sin importar la razón, Solimán no se detuvo en sus avances, a pesar de que las circunstancias no eran favorables para los otomanos. Las lluvias de verano ya habían comenzado cuando partió hacia Viena, haciendo que la mayoría de las carreteras fueran inaccesibles tanto para la caballería como para mover las pesadas piezas de artillería necesarias para un asedio exitoso. Los camellos traídos de Anatolia demostraron ser demasiado sensibles para el frío, la lluvia constante y murieron en gran número, y muchos de los soldados compartieron el mismo destino.

Para cuando llegaron a Viena a finales de septiembre, las fuerzas otomanas estaban fuertemente agotadas, y muchos armamentos de asedio se habían quedado atrás atrapados en el barro. La población de Viena había visto venir al enemigo, dándoles suficiente tiempo para reforzar, fortalecer y prepararse. Cuando lanzaron el asedio, las fuerzas otomanas carecían de convicción, lo que facilitó la lucha contra los ataques iniciales. Después de no haber hecho ningún progreso real, los soldados perdieron su motivación cuando el clima empeoró poco después en el asedio. El suministro de alimentos y agua de Solimán disminuyó, y las tropas estaban cerca del motín. En un intento final de "todo o nada", los otomanos atacaron con toda la fuerza que les quedaba, intentando romper las fortificaciones de Viena, que se negó a ceder. Solimán aceptó la derrota, reunió a sus hombres y volvió a Anatolia. La salida precipitada de Viena resultó en la pérdida de armamentos pesados, así como de tropas y prisioneros en la pesada nevada.

Los historiadores modernos especulan en cuanto a por qué Solimán persistió con el asedio a pesar de que las fuerzas otomanas eran evidentemente más débiles que las fuerzas en Viena a su llegada. Como un guerrero experimentado y estratégico, lo más probable es que se haya dado cuenta de su desventaja y de la magnitud de sus pérdidas potenciales. También era probable que el último estallido de ataques no fuera más que un medio para debilitar las murallas de la ciudad para un futuro asedio. El segundo intento, en 1532, tuvo la misma mezcla de mala suerte y buenas defensas, y Viena marcó el límite de los avances otomanos en Occidente. Solimán tuvo que regresar a su tierra natal para enfrentarse a su antagonista chiíta en el este, el nuevo Safávida Shah de Persia Tahmasp.

Shah Tahmasp depuso y ejecutó al gobernador otomano de Bagdad en 1532, y uno de los estados vasallos bajo dominio otomano en el este de Anatolia cambió de bando, jurando lealtad al shah. En respuesta, Solimán envió a su amigo de confianza y gran visir Ibrahim Pasha para iniciar la lucha, con el emperador mismo apareciendo al año siguiente. Mientras los otomanos marchaban hacia una batalla anticipada, Tahmasp empleó la misma táctica que su predecesor, quemando el terreno y retirándose a sus propios territorios. Este patrón se repitió tres veces en los próximos 20 años, y Solimán nunca luchó contra Tahmasp en la batalla. Tras una guerra abierta, anexionó los territorios desiertos del sur de Georgia y Azerbaiyán, el norte y oeste de Irak y algunas de las costas del Golfo Pérsico. Las dos partes firmaron un tratado de paz en 1554.

Mientras que las masas de tierra permanecieron estables bajo el dominio de Solimán, se hicieron progresos reales en las aguas abiertas. La flota otomana rápidamente se convirtió en una fuerza dominante, y cuando Solimán temió un desafío de la Armada española, empleó al famoso Jeireddín Barbarroja Pasha para dirigir su flota. Bajo su mando, la flota otomana expandió su influencia en el Mediterráneo, tomando la costa norteafricana donde Túnez, Marruecos y Argelia se habían convertido en provincias autónomas. Más tarde capturó Niza y saqueó la costa oeste italiana. Esto afirmó el dominio otomano en el Mediterráneo oriental. Somalia, el Cuerno de África, Yemen y el actual Omán también fueron conquistados por los otomanos. También llevaron a cabo el comercio con Mughal India y ayudaron a liberar al Sultanato de Aceh de las incursiones portuguesas tan lejos como Sumatra.

Jeireddín Barbarroja Pasha

Solimán, con la ayuda de sus capaces y confiables oficiales, había expandido el imperio para llegar más lejos que nunca antes, manteniendo sus fronteras seguras y tierras en orden todo el tiempo. Su fracaso a la hora de capturar Viena se destaca en una larga lista de batallas exitosas, pero todavía se le recuerda más como el "legislador" que como un caudillo.

El Kanun era un código de leyes terrenales usado como complemento a la Sharia, la ley divina, en asuntos que la Sharia no contemplaba. Para escribir el Kanun, Solimán recopiló y leyó todas las decisiones legislativas que sus nueve predecesores habían tomado, analizándolas y comparándolas cuidadosamente, antes de utilizarlas como base para el nuevo conjunto de leyes. El trabajo tomó muchos años, pero una vez que se hizo, el Kanun y la Sharia fueron utilizados como el código de leyes para los próximos 300 años en el Imperio Otomano.

Los cambios más importantes de Solimán fueron la inclusión de minorías cristianas y judías, que fueron levantadas de la servidumbre. Esto llevó a los cristianos de otras partes del mundo a emigrar al Imperio Otomano para vivir una vida mejor bajo el gobierno de Solimán.

También era conocido por instituir un gran número de escuelas para niños pequeños y mayores. Las mezquitas que construía a menudo tenían una escuela dentro del recinto, lo que daba a los niños musulmanes la oportunidad de aprender lo que había aprendido de niño. Solimán fue también un mecenas de las artes y reunió a no menos de 600 artistas de diversos orígenes y nacionalidades en su comunidad de artesanos Ehl-i Hiref. Muchos de ellos eran poetas -como el propio Solimán- que escribieron algunos de los versos más memorables tanto en persa como en turco. Muchos de sus versos y proverbios son todavía frecuentemente citados.

Otro de sus legados duraderos fue la remodelación de la propia Constantinopla. Fue, en general, el principal renovador de la ciudad, y junto con el renombrado arquitecto Mimar Sinan, construyó puentes, palacios, edificios oficiales y mezquitas. Incluso se dedicó a restaurar la Cúpula de la Roca en Jerusalén; las murallas que rodean la antigua Jerusalén hoy en día también son obra de Mimar Siman, pagada por el sultán. La Kaaba en La Meca también fue renovada por ambos.

Para triunfar con éxito como un hombre de tantos talentos después de una floreciente era dorada que dura más de 45 años, se necesitaría más que un líder ordinario. Solimán había sobrevivido a dos de sus hijos, pero todavía tenía cuatro más que afirmaban ser la persona adecuada para el trabajo. Aunque había escrito un código completo de leyes, todavía no había un orden establecido de sucesión. La única regla obligatoria en relación con la transmisión de poder era la práctica del fratricidio instituida por Mehmed II en un esfuerzo por evitar cualquier levantamiento una vez que el nuevo sultán hubiera sido instalado, y como el imperio estaba en su apogeo, la competencia por el trono sería más feroz que antes.

No sólo se involucraron los hermanos, sino que la segunda esposa de Solimán, Hürrem Sultán, desempeñó un papel vital en la conspiración con sus hijos. Hürrem Sultán era una mujer de gran influencia, simplemente porque Solimán estaba locamente enamorado de ella. Su primera esposa había sido dejada a un lado, y Hürrem, una esclava del harén, se levantó para convertirse en la favorita y esposa del sultán, para sorpresa de muchos. Solimán había planeado su primer hijo con su primera esposa, Mustafá -un guerrero e intelectual muy consumado- para heredar el trono. En contraste, Hürrem, había querido que uno de sus hijos tomara el trono para evitar el riesgo de ejecución por cualquiera de ellos. Aunque Mustafá había sido favorecido por Solimán, el pueblo, la corte y el amigo de Solimán, el Gran Visir Ibrahim Pasha, Hürrem logró convencer a su esposo para que ejecutaran a Mustafá e Ibrahim Pasha acusándolo de traición. Las historias sobre las rondas de ejecuciones -entre ellas, su hijo primogénito, su gran visir, su secretario de finanzas Iskender Celebi, su otro hijo Bayezid y cuatro nietos- con los que Solimán terminó su reinado son tantos como las víctimas. De sus dos hijos restantes, se dice que uno murió de dolor. Solimán tenía seis hijos, pero sólo quedaba uno en el momento de su muerte.

La Era de la Transformación

El viejo Solimán murió como un gran señor de la guerra, haciendo campaña en Hungría justo antes de que se proclamara la victoria para las fuerzas otomanas. Tenía casi 72 años de edad y murió de viejo, más que por veneno o conspiración. Solimán murió en 1566, dejando su poder en manos de Selim II.

Selim II

Sorprendentemente, después de toda la agitación y conmoción, Selim mostró muy poco interés en gobernar la sultanía, dejando la mayor parte de la toma de decisiones en manos de su gran visir, Sokollu Mehmed. Sokollu Mehmed consiguió llegar a un acuerdo con los Habsburgo para asegurar el acceso otomano a Moldavia y Valaquia, así como la donación de un regalo anual al Imperio Otomano como muestra de paz. Selim II fue el primer sultán que nunca participó en la campaña, y Sokollu Mehmed fue el que emprendió la guerra tan al norte como Astracán y tan al sur como Yemen. Las ambiciones del norte fueron frenadas por el zar ruso, y después de algunos éxitos iniciales y la conquista de Chipre, la flota otomana encontró resistencia y fue derrotada por las armadas española e italiana en la batalla de Lepanto. En ese momento, reyes y reinas españolas y portuguesas iniciaron el período colonial que condujo a los asuntos internos para el Imperio Otomano. El reinado de Selim II fue efímero y de ninguna manera comparable al de su padre, pero cuando murió, fue recordado como una persona tranquila y buena, no como alguien que se destacaba por haber vivido un estilo de vida excesivo. Su gran visir vivió para servir al siguiente sultán de la fila, Murad III.

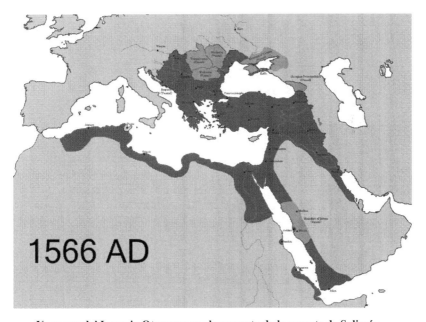

Un mapa del Imperio Otomano en el momento de la muerte de Solimán

Murad III

La época después de la muerte de Solimán fue reconocida por los eruditos e historiadores como la "Decadencia del Imperio Otomano", pero esta opinión de consenso cambió en la década de 1980 y ahora es comúnmente conocida como la "Era de la Transformación". Los años siguientes no fueron necesariamente una decadencia, sino un cambio en el enfoque del imperio, donde la constante expansión y las guerras se detuvieron a cambio de estabilidad interna. La atención se centraría necesariamente en mantener el statu quo como uno de los imperios más importantes del mundo, una búsqueda difícil cuando se tiene en cuenta la toma del poder por parte de los Habsburgo del Sacro Imperio Romano y el comienzo del período colonial iniciado por España y Portugal. Otra cuestión fue la necesidad de reemplazar el fratricidio obligatorio instituido por Mehmed II. El frenesí de ejecuciones de Solimán había demostrado que incluso un gobernante justo y sofisticado podía recurrir a arrebatos emocionales con consecuencias nefastas. Selim II sólo había tenido una esposa, pero había logrado tener no menos de siete hijos, por lo que Murad III mandó a estrangular a cinco de sus hermanos.

Su reinado fue definido por factores significativos que iniciaron la transformación del Imperio Otomano. En primer lugar, siguió los pasos de su padre y nunca salió en campaña. Fue el Gran Visir Sokollu Mehmed, que había conducido a los ejércitos a las batallas cuando Murad lo consideró necesario. Murad reinó durante dos décadas, durante las cuales no abandonó nunca Constantinopla, quedando impopular en los escritos de historiadores contemporáneos.

Gran Visir Sokollu Mehmed Pasha

Otro factor importante fue el rápido crecimiento demográfico. Durante el siglo XVI, el imperio experimentó una afluencia de personas al imperio debido a las reformas políticas consideradas beneficiosas para todas las clases de ciudadanos, pero también debido a las buenas condiciones agrícolas y comerciales. A finales de siglo, la población había crecido demasiado para los recursos disponibles y muchos campesinos tuvieron que abandonar la agricultura por falta de tierras. En vez de eso, se dedicaron al pillaje y saqueo en bandas de asaltantes, convirtiéndose en un problema político desestabilizador en Anatolia. Otro agitador fue el aumento de metales preciosos en Europa Occidental después de varias conquistas coloniales. La plata y el oro llegaron en grandes cantidades, causando una inflación tanto en el sur de Europa como en el Imperio Otomano. Esto llevó a la economía anteriormente estable y controlada a enfrentarse simultáneamente a los desafíos del aumento de la población y el declive económico.

Para alimentar aún más la llama, la inflación condujo a la insatisfacción dentro del cuerpo de los Jenízaros, y sus salarios fijos disminuyeron en valor entre los altos funcionarios del gobierno. El último factor fue que, como resultado de que Murad pasara todo su tiempo en su capital, la gente que lo rodeaba en la corte estaba más influenciada por sus decisiones que los funcionarios provinciales, su gran visir de campaña o sus otros oficiales que estaban luchando. Se basaba cada vez más en las personas que se relacionaban personal y emocionalmente con él que en los funcionarios cualificados que había empleado para asesorarlo profesionalmente. En la misma línea, Solimán I había sido el primer sultán que elevó a una esclava del harén para que se convirtiera en su esposa, lo que abrió la oportunidad a más mujeres de abrirse camino en los círculos internos del poder. En lugar del matrimonio por linaje o dinastía, las mujeres de todas las castas podrían encontrar la forma de ascender al poder, al igual que los hombres en cargos gubernamentales. Esto llevó a que las mujeres en los harenes -así como la madre, hermana y esposa del sultán- tuvieran una mayor influencia. El período, que duró hasta finales del siglo XVII, se conoce a veces como el Sultanato de las Mujeres, debido a que muchos de los gobernantes eran menores de edad. Varias mujeres se convirtieron en figuras prominentes con el derecho legal de interferir en los asuntos políticos del imperio. La madre de Murad III, Nurban, es conocida como una de las más poderosas madres sultanes, famosa por haber conspirado con su hermana contra su fuerte y decisiva esposa sultán, Safiye. Su influencia condujo a muchos enredos en la corte, y posteriormente Murad terminó teniendo más hijos que cualquiera de sus predecesores. Los rumores en ese momento contaban su descendencia en casi 100, aunque este número puede ser un poco exagerado.

De cualquier manera, la conmoción interna fue, en muchos sentidos, más severa que las guerras que asolaban los frentes este y oeste del imperio. Murad III había decidido aprovechar la muerte del persa Shah Tahmasp y desentrañar el tratado de paz de 1555, acto al que se opuso el Gran Visir Sokollu Mehmed. Aunque él era, de hecho, el que estaba a cargo de las campañas militares del imperio y había estado por casi 15 años, su opinión fue ignorada, y la guerra otomano-safávida estalló en 1577. Pasarían 12 años antes de que se pudiera negociar la paz, y con grandes beneficios para los otomanos. Murad había expresado algunos celos de la popularidad del gran visir, y poco después de que estalló la guerra, Sokollu Mehmed fue presuntamente asesinado por un agente que actuaba por orden de la esposa de Mehmed, Safiye. Con este asesinato, Safiye había eliminado un gran obstáculo a su influencia sobre su marido y sus hijos, la siguiente generación de sultanes.

Una vez que se había negociado la paz con los Safávidas, los otomanos se dirigieron hacia el oeste e iniciaron lo que se conoció como la larga guerra con los Habsburgo, que debía continuar después de la muerte de Murad y en el siglo siguiente bajo Mehmed III, el próximo gobernante.

Excepto por la larga guerra, Mehmed III es recordado en su mayoría por haber ejecutado a no menos de 19 de sus hermanos y hermanastros mientras subía al trono. Mehmed eligió liderar sus ejércitos en la batalla, cosa que no había sido hecha por un sultán desde que Solimán I reinó. Después de una batalla exitosa, en la que se dice que el sultán intentó huir a mitad de camino, regresó a Constantinopla, prometiendo dirigir más campañas contra el Imperio de los Habsburgo. Su médico, sin embargo, lo declaró en muy mala salud para otras campañas, debido a su exceso de comida y bebida. Quizás esto también estaba de acuerdo con los deseos secretos del sultán. Durante su reinado de 8 años, el imperio fue gobernado principalmente por Safiye, su sultán valido. Mehmed III murió a la edad de 37 años. Algunos historiadores contemporáneos afirman que Mehmed murió de angustia después de haber ejecutado a uno de sus ambiciosos hijos (por consejo de Safiye), y algunos afirman que murió de la peste o de un derrame cerebral. Safiye tenía los derechos legales para tomar todas las decisiones políticas y era instrumental en decidir la fe de muchos visires prominentes, oficiales, y consejeros.

Mehmed III

El sultán sucesor, Ahmed I, fue el primero en la fila que no practicaba la tradición del fratricidio. Salvó a su único hermano, Mustafá, mientras ascendía al trono. Esto se debió probablemente a que el sultán Ahmed I sólo tenía 13 años de edad en ese momento y todavía no había producido ningún heredero. Si él muriera sin familiares masculinos que lo siguieran, habría puesto en peligro la dinastía. Mustafá y su abuela, Safiye, fueron enviados al viejo palacio de Bayezit para vivir lejos de la intriga de Constantinopla. Aunque Safiye era, para entonces, la antigua sultán de Valide, Ahmed era muy consciente de su ambición e influencia en la corte y le pagó una buena cantidad en dinero de jubilación como motivación para que se mantuviera al margen de la política otomana.

Ahmed I

Al tomar el poder de su padre, Ahmed también había heredado la guerra contra los Habsburgo. Para entonces, ya llevaba más de una década ardiendo con muy poco éxito en cada bando, aunque ambos habían sufrido pérdidas perjudiciales. En el territorio nacional de Anatolia, las rebeliones celalianas estaban llegando a su clímax y necesitaban resolución. Además de eso, una nueva guerra había estallado con el Imperio Safávida, bajo el gobierno de Shah Abbas I.

La larga guerra con los Habsburgo terminó en 1606 con la Paz de Zsitvatorok. El tratado, firmado por ambos emperadores, fue negociado para durar 20 años y estableció las fronteras que estaban más o menos trazadas de la misma manera que antes del estallido del conflicto. Este resultado demostró la incapacidad de los otomanos para desafiar al Imperio Habsburgo, y pasarían otros 80 años antes de que estallara de nuevo la guerra entre ambos.

Esto no significaba descanso para Ahmed o sus ejércitos, ya que Abbas I en Persia había aprovechado la oportunidad para invadir territorio otomano mientras aún luchaban en el oeste. Los otomanos no estaban preparados para un ataque del este y tuvieron que apresurarse para intentar defenderse. Los Safávidas habían modernizado finalmente su ejército con la ayuda de Inglaterra, y reconquistar su territorio no resultó ninguna dificultad.

Los dos ejércitos se encontraron a orillas del lago Urmia, donde los otomanos sufrieron una derrota devastadora. Con la muerte del comandante y los levantamientos simultáneos en el este de Anatolia, la guerra con los Safávidas se detuvo a favor de intentar resolver los disturbios internos. Constantinopla vio su parte de conflicto, con la creciente tensión entre el prestigioso Cuerpo de Élite Jenízaro y los Cipayos, la caballería superior que componía su propia clase social. El joven Ahmed envió a su gran visir, Murad Pasha, para luchar contra los rebeldes del este, con una estrategia que más tarde le valió el epíteto de "Kuyucu", o "Sepulturero". Las tácticas que empleaba consistían en que los rebeldes se unirían al ejército como mercenarios o eran masacrados por él, lo que rápida y eficazmente resolvía el problema de los levantamientos. En 1610, Ahmed pudo empezar a reasentar a los aldeanos que habían huido del caos.

Después de la muerte del gran visir, las guerras con Persia fueron ligeramente detenidas, y ambas partes proclamaron que estaban dispuestas a negociar la paz y deponer sus armas. Se firmó un tratado, aunque no duró más de tres años, y el conflicto volvió a estallar y continuó después de la muerte de Ahmed.

Su herencia política y cultural fue de la mano con su naturaleza religiosa, y su principal legado fue la construcción de la Mezquita Azul -la Mezquita del Sultán Ahmed, como se conoce hoy en día- en Estambul. Tenía un amor por la poesía, pero una aversión a la pintura, afirmando que era sacrilegio representar seres vivos para rivalizar con la creación perfecta de Alá. También fue inflexible al imponer la asistencia a la oración del viernes, prohibió el uso de alcohol e inició el regreso a una cultura religiosa más conservadora. Además, transformó el sistema tributario para apoyar el nuevo reclutamiento y la expansión de los ejércitos, que se habían agotado después de la larga guerra en el oeste. Los impuestos eran impopulares, y el descontento de los

Jenízaros continuaría siendo una molestia para los sucesores de Ahmed en los años venideros.

La Mezquita Azul

Muriendo en 1617 de tifus, Ahmed, de 27 años de edad, fue el primer sultán que no fue sucedido por un hijo sino por su hermano, Mustafá. Era también la primera vez que un sultán había sido designado por edad en lugar de linaje, sin embargo, rápidamente se hizo evidente que Mustafá I no era mentalmente estable, y fue depuesto dentro de su primer año de gobierno. En 1618, el hijo de Ahmed de 13 años, Osman, tomó el trono, lleno de entusiasmo y con la esperanza de restaurar la autoridad del sultán sobre las otras instituciones poderosas del imperio. Primero, después de enormes pérdidas en el camino hacia Ardabil, logró acordar un tratado de paz con los Safávidas en el este. Una vez allí, los otomanos ganaron el control del conflicto, y esta vez, el tratado firmado duró. Impulsado por el éxito, tomó la iniciativa de dirigir personalmente sus ejércitos en un intento de invadir Polonia en el otoño de 1621. Esto terminó en un punto muerto decepcionante entre ambos, y los otomanos regresaron a casa sin ninguna ganancia que mostrar. Osman II culpó del fracaso a la baja moral y cobardía de los Jenízaros, e inició planes para construir otro ejército a partir de los antiguos rebeldes que ahora eran mercenarios en el este para reemplazar a los Jenízaros.

Mustafá I

Osman II

Los Jenízaros habían convertido, para entonces, en una poderosa clase social por derecho propio, y su lealtad hacia el sultán había disminuido a lo largo de las décadas. Sus ambiciones sociales a menudo salían al aire en los cafés de la capital, donde se reunían para planificar su aumento de poder. Osman cerró todos los cafés para impedirles la sedición, un acto de resentimiento entre los Jenízaros y los Cipayos. El hecho de que la madre de Osman hubiera muerto unos años antes le había costado mucho apoyo de la corte, y sin un sultán Valide, su reinado estaba llegando rápidamente a su fin.

Los Jenízaros se rebelaron con la sanción del tribunal, y por primera vez en la historia otomana, un sultán reinante fue derrocado y asesinado. Esto marcó el fin del imperio patrimonial y la soberanía del sultán a favor del poder compartido entre las diferentes instituciones de autoridad.

La muerte de Osman, de 17 años de edad, condujo a la reinstalación de su tío, Mustafá, pero sólo por un corto año. Después de ser depuesto por segunda vez, fue reemplazado por otro de los hijos de su hermano, Murad IV, que en ese momento sólo tenía 11 años. Debido a la corta edad del sultán, el imperio fue gobernado principalmente por su madre, Valide Sultán Kösem. En todas las partes del imperio, los disturbios volvían a aumentar, y muchos grupos trabajaban juntos por la independencia, el aumento del poder o el derrocamiento de la dinastía gobernante. Los Jenízaros de la capital irrumpieron en el palacio en una sublevación, matando al gran visir de Murad, quien, a su vez, tenía en mente el regicidio de su hermano. Decidió restablecer su poder como sultán para crear orden en las líneas rotas de sus subordinados.

Murad IV

Entre sus reformas se encontraba la tenencia de tierras militares para fortalecer el ejército. También alentó a los campesinos a cultivar campos abandonados, y prohibió todo consumo de alcohol, tabaco y café en la capital misma, haciendo que su uso fuera castigado con la muerte. Incluso se dice que salió por la noche vestido de civil para patrullar las calles y hacer cumplir personalmente sus nuevas leyes, ejecutando a quienes las quebrantaron en el acto.

La única campaña militar que llevó a cabo fue la guerra final con los Safávidas, que terminó a favor de los otomanos, estableciendo las fronteras como se había decidido previamente en la Paz de Amasya en 1555. Las fronteras establecidas en ese punto siguen siendo más o menos las mismas hoy en día, ahora separando Irán, Irak y Turquía.

Al final del reinado de Murad, el imperio era un poco más estable que cuando había ascendido al trono, pero las desafortunadas circunstancias le habían privado de sus 10 hijos antes de que llegaran a la pubertad. Cuando Murad IV murió a los 27 años de cirrosis, la única opción para un sultán de origen otomano era Ahmed I y el último hijo restante de Kösem Sultán, Ibrahim. Durante los años de su hermano en el trono, Ibrahim había estado recluido en lo que se denominaba los Kafes, una forma de arresto domiciliario, confinando a los hermanos de un sultán como sustituto de la práctica previamente obligatoria del fratricidio. En los Kafes, los hermanos podían ser controlados, y la conspiración potencial contra el emperador podía ser vigilada y restringida. Esto, desafortunadamente, llevó a problemas de salud mental para Ibrahim, que se manifestó en dolores de cabeza severos y colapsos prematuros. Durante su gobierno de ocho años, gran parte del trabajo fue realizado por su competente gran visir, Kara Mustafá Pasha, un patrón que se hizo común en la segunda mitad del siglo XVII. Ibrahim tenía franqueza y humildad en lo que se refiere al conocimiento de Mustafá Pasha. La mala salud de Ibrahim impactó su habilidad para desempeñarse como sultán, y consecuentemente, fue Mustafá Pasha quien impulsó la reforma de la acuñación de monedas, un nuevo estudio de tierra, una disminución en el tamaño de los Jenízaros, y los esfuerzos para deshacerse de los miembros no contribuyentes del estado en nómina. Mientras tanto, la madre de Ibrahim, Kösem Sultán, le animó a usar las jóvenes del harén para distraerlo de su dolor, así como para producir herederos a la dinastía.

Las distracciones no beneficiaron enteramente a favor de Kösem Sultán: tras un período de mayor poderío cuando Ibrahim pasaba cada vez más tiempo con el harén, ella ganó influencia en la corte, pero pronto cayó bajo el hechizo de las avariciosas muchachas del harén. Kösem Sultán fue expulsada para jubilarse, e Ibrahim se adhirió cada vez más a una persona que afirmaba ser médico, Cinci Hoca, que decía que podía curar las enfermedades de Ibrahim. El congraciado curandero engatusó a Ibrahim para que ejecutara a su gran visir y que lo sustituyera por uno de los amigos de Hoca.

Mientras la mente de Ibrahim se deterioraba y perdía la conexión con el mundo exterior, tomaba decisiones desagradables y costosas, promoviendo a ocho de sus consortes y dándoles todas las casas, riquezas y tierras lujosas. A su esposa, una antigua chica del harén, le vistió de pieles de marta un palacio entero.

Su reinado llegó a un final abrupto después de proclamar la guerra contra los venecianos. La guerra tuvo lugar principalmente en el Mediterráneo oriental y no benefició a los otomanos. La flota veneciana logró bloquear los Dardanelos, lo que provocó una escasez de alimentos y suministros en Constantinopla. Ibrahim también aumentó los impuestos para compensar su estilo de vida extravagante y el gasto en tiempo de guerra, haciéndolo impopular entre los ciudadanos y los Jenízaros.

Ibrahim

Tras una revuelta del cuerpo de élite, Ibrahim fue puesto bajo arresto domiciliario y posteriormente ejecutado, con el consentimiento de su madre. Su sucesor fue el joven Mehmed IV, que entonces sólo tenía 7 años y, en consecuencia, la antigua sultán valide Kösem, respaldada por sus aliados Jenízaros, recuperó su poder en la corte. Al año siguiente, Kösem Sultán y el nuevo gran visir finalmente derrotaron y expulsaron a los venecianos de los Dardanelos. La guerra estalló y junto con la intriga de palacio, los primeros años de Mehmed como sultán también se vieron exacerbados por los levantamientos en el este. Después de que su abuela conspiró para envenenarlo, ella fue ejecutada y su propia madre se convirtió en sultán valide. En 1656, nombró a Köprülü Mehmed Pasha como gran visir con plenos poderes ejecutivos. El sultán tenía todavía sólo 14 años, pero ya llevaba siete años en el trono.

Köprülü Mehmed Pasha inició una nueva era en la que la familia Köprülü mantuvo el título de gran visir durante casi 50 años, lo que ayudó a estabilizar los territorios frágiles. La era de Köprülü comenzó con un gran número de ejecuciones de soldados y oficiales considerados desleales a la dinastía otomana, y Mehmed Pasha tuvo que luchar ferozmente para establecer su autoridad. Siguió teniendo éxito y, con el pleno apoyo del sultán Mehmed, recuperó el control de los militares y pudo iniciar algunas reformas económicas. Mehmed Pasha murió por causas naturales después de cinco años como gran visir, y por primera vez en la historia otomana, el título fue heredado por el hijo mayor.

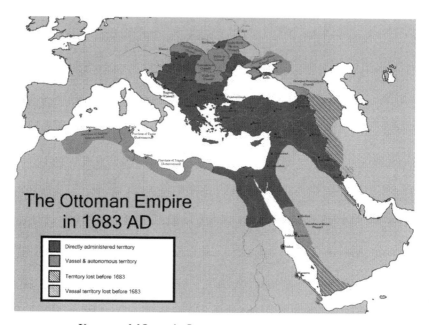

Un mapa del Imperio Otomano en su mayor extensión

La Guerra de la Liga Santa

Mehmed IV es principalmente recordado como "el cazador", ya que este pasatiempo ocupaba gran parte de su tiempo. Sin embargo, la competencia de sus grandes visires no lo hacía pasivo, y aunque manejaban gran parte de los asuntos políticos, cabalgaba con sus ejércitos en batallas por toda Europa, no como comandante sino como participante. Fue el hijo de Mehmed Pasha, Fazil Ahmed, quien lideró a los ejércitos en grandes campañas por toda Europa, extendiendo los territorios europeos del imperio más allá de lo nunca antes visto. Derrotó a los venecianos y terminó con la Guerra de Creta, reinsertó la autoridad en Transilvania y conquistó algunos territorios en Polonia y Ucrania occidental. En 1676, murió de enfermedades relacionadas con el alcohol, y su cuñado, Kara Mustafá Pasha, fue el siguiente de la familia en tomar el título. Después de su éxito inicial para conquistar más territorio en Ucrania, decidió seguir los pasos de Solimán el Magnífico y hacer lo que no había podido: conquistar Viena. En 1682, Kara

Mustafá Pasha marchó hacia la capital de los Habsburgo, con la intención de reclamar la ciudad estratégicamente importante en el río Danubio.

La serie de batallas en Polonia, Ucrania y Rusia había llevado a la batalla de Viena, desentrañando viejas alianzas y creando otras nuevas. Los otomanos pensaron que tenían una oportunidad respaldando a los reyes ortodoxos y protestantes contra los católicos, y Kara Mustafá consideró que el momento era perfecto. Después de convencer a Mehmed IV de que era hora de atacar, un ejército de 100.000 soldados marchó hacia Europa central a finales del verano de 1682. La guerra fue declarada en agosto del mismo año, después de conquistar dos fortalezas menores y conformarse con esperar durante el invierno.

Sin embargo, mientras esperaban que terminase el invierno, el Imperio Habsburgo tuvo tiempo de buscar refuerzos. El conde alemán von Starhemberg se quedó con sólo 15.000 hombres para defender Viena después de que unos 80.000 habitantes huyeran de la ciudad. Cuando llegó el verano y los otomanos con él, Polonia y Venecia prometieron ayuda al conde.

Los atacantes llegaron con un gran número de hombres, pero sólo con 19 cañones, y los defensores tenían lo contrario: unos pocos hombres, pero unos 370 cañones. Gracias a las fuertes defensas de la ciudad, los ciudadanos y soldados pudieron aguantar el tiempo suficiente para que llegara la ayuda. Viena estaba de rodillas cuando las tropas polacas y otras tropas imperialistas Habsburgo finalmente cruzaron el Danubio y llegaron a su ayuda. Al mismo tiempo, los aliados de Kara Mustafá -los serbios, los valaquianos y el Kanato de Crimea- no cumplieron sus promesas. De hecho, los historiadores siguen debatiendo si participaron o simplemente se limitaron a observar la lucha de los otomanos.

Otro problema para Kara Mustafá podría haber sido que quería la ciudad intacta, y por lo tanto no ordenó un ataque a gran escala. El asedio podría haber terminado rápida y exitosamente si Kara Mustafá hubiera sido más beligerante en sus ataques. Cuando la batalla finalmente estalló contra las tropas recién llegadas, los otomanos seguían intentando entrar en Viena, lo que finalmente llevó a que sus fuerzas quedaran atrapadas entre las tropas polacas, alemanas y austriacas. Todavía se discute ampliamente cuántos hombres perdieron los otomanos, pero 20.000 es el número más pequeño mencionado en fuentes contemporáneas, y las consecuencias condujeron a la ejecución de Kara Mustafá por orden de Mehmed IV.

Una pintura del siglo XVII que representa la Batalla de Viena

Después de los combates en Viena, la Liga Santa estaba decidida a expulsar a los otomanos de las tierras europeas. La Batalla de Viena sólo había sido el detonante de lo que se conocería como la Gran Guerra Turca en los libros de historia europea, y como la Guerra de la Liga Santa para los eruditos turcos. La Liga Santa consistía en los Estados Papales bajo el gobierno del Papa Inocencio XI, el Sacro Imperio Romano bajo el emperador Leopoldo, la Mancomunidad Polaco-lituana, la República Veneciana, y más tarde, el Zarato de Rusia. La alianza se formó después de la defensa triunfante de Viena y duró 16 años, luchando contra las fuerzas otomanas en Europa Central y los Balcanes.

Los primeros años de la Guerra de la Liga Santa fueron perjudiciales para los otomanos, que sufrieron derrota tras derrota, sobre todo en la segunda batalla de Mohács en 1687, que condujo al motín entre las tropas. Los Jenízaros y Cipayos regresaron a Estambul, y Mehmed fue depuesto ese mismo otoño en favor de su hermano, Solimán II. La Liga Santa libró una guerra contra los otomanos en muchos frentes, con la República de Venecia en el Mediterráneo, los Habsburgo en Hungría presionando por los Balcanes, y los rusos viniendo del norte. En algunos frentes, Solimán II, junto con el Fazil Mustafá Pasha, el último gran visir de la familia Köprülü, logró ganar algunas batallas decisivas, pero también sufrieron graves derrotas. Una década de guerra en diferentes frentes había afectado el número de tropas.

La Guerra de la Liga Santa llegó a un punto muerto durante el reinado de Solimán, pero cuando murió por mala salud -seguido por la muerte del gran visir poco después- sus sucesores no pudieron resistir más. El nuevo sultán, Ahmed II, había pasado casi 43 años en los Kafes y, en muchos sentidos, no era apto para asumir responsabilidades en medio de la guerra. Su gran visir también mostró poco conocimiento o interés en dirigir los ejércitos, y tras una severa derrota en la Batalla de Slankamen, la Liga Santa siguió adelante, forzando a los otomanos a ceder grandes territorios de sus dominios europeos.

Ahmed murió después de sólo cuatro años en el trono y fue sucedido por un representante de la siguiente generación, el hijo de Mehmed IV, Mustafá II. Mustafá estaba decidido a recuperar las tierras perdidas y al principio tuvo éxito en sus ambiciones. Aunque los 13 años de guerra habían agotado el ejército otomano, en ese momento, la guerra se había vuelto costosa tanto económica como socialmente. Durante la tercera campaña liderada por Mustafá contra los Habsburgo, sufrió la derrota en Zenta, perdiendo a su gran visir en la batalla. Esto más o menos estableció las condiciones previas para un tratado de paz.

En 1699, el Tratado de Karlowitz fue firmado, marcando el fin de la Guerra de la Liga Santa y el fin de la Era de Transformación para el Imperio Otomano. Durante los últimos años de la guerra, antes de la firma del tratado, el imperio había impulsado algunas reformas fiscales. La guerra había sido costosa, pero los grandes visires de Köprülü habían sido económicamente pragmáticos durante su gobierno. Habían aumentado los impuestos sobre los bienes de lujo y el tabaco, reformado la nómina de los Jenízaros, e impulsado cambios en la recaudación del *waqf*, impuestos sobre la tierra y otras mejoras fiscales. Todo esto condujo a la entrada del Imperio Otomano en el siglo XVIII con la pérdida territorial de Hungría, pero con un excedente económico.

La época de Köprülü sustituyó un poco a la Sultanía de las Mujeres, y a finales de siglo, Mustafá se había retirado a Edirne, dejando el poder en manos de su gran visir ejecutivo. Este gran visir era infame por su corrupción y por crear agitación a lo largo de las líneas militares. Las reformas fiscales recientemente implementadas no se habían llevado a cabo según lo previsto, y una gran parte de los impuestos recaudados acabaron en los bolsillos de los cobradores. La ausencia del sultán y el nepotismo del gran visir, junto con los salarios Jenízaros adeudados desde hacía mucho tiempo, llevaron finalmente a una revuelta y a la deposición del sultán en lo que se conoce como el Evento de Edirne. En 1703, Mustafá II fue reemplazado por su hermano y murió ese mismo año a la edad de 39 años. El siglo siguiente estaría marcado por una disminución del poder de los sultanes y una mayor influencia Jenízara.

Entre 1453 y 1703, la historia otomana estuvo marcada por oleadas de fuertes sultanes y períodos de descentralización e inestabilidad. Los reinados de Mehmed el Conquistador y Solimán el Magnífico fueron increíblemente exitosos, al menos en lo que se refiere a la expansión territorial del imperio y la reforma y adaptación de los militares y políticos, y ese período estuvo marcado por un consenso que permitió al sultán gobernar con autoridad, más o menos sin oposición de los funcionarios inferiores.

Sin embargo, con el crecimiento del imperio, la autoridad del sultán necesitaba más ayuda de otras instituciones administrativas, dejando espacio para que los gobernadores, funcionarios y visires avaros aumentaran en las filas. Las instituciones recién formadas se hicieron más influyentes y los Jenízaros ganaron en poder, al igual que las mujeres en relación directa con el sultán. Estos cambios en la estructura del sultanato anteriormente autoritario tuvieron lugar principalmente después de la muerte de Solimán I y marcaron una verdadera transformación para el Imperio Otomano. Coincidentemente, este período también vio morir a muchos sultanes jóvenes por enfermedades o plagas, lo que resultó en que los herederos subieran al trono cuando todavía eran demasiado jóvenes para gobernar. Este fue un factor vital en la marginación del sultán, y durante el siglo XVII, las decisiones más importantes fueron tomadas por el gran visir ejecutivo o la madre del sultán, el sultán valido. Las guerras devastadoras contra la Liga Santa y la pasividad del último sultán del siglo fueron la gota que colmó el vaso, dando lugar a la sublevación de los Jenízaros y su eventual toma del poder.

A partir de ese momento, el sultán necesitaba el reconocimiento de los poderosos jenízaros, y durante el siglo XVIII, varios sultanes tendrían sus reinos iniciados y terminados por las demandas de los cuerpos de élite. Con la transformación completa, el siglo siguiente encontraría que el Imperio Otomano todavía se enfrentaba a viejos enemigos que seguían mordisqueando sus fronteras y nuevas amenazas surgiendo en el horizonte.

Bibliografía

Babinger, Franz, *Mehmed the Conqueror and his time,* Princeton University Press, 1992.

Bonner, Michael, et al., *Islam in the Middle Ages,* Praeger Publishers, 2009.

Clot, André, *Suleiman the Magnificent,* Saqi Books, 2012.

Cleveland, William L, *A History of the Modern Middle East,* Westview Press, 2000.

Finkel, Caroline, Osman's Dream: The Story of the Ottoman Empire, 1300-1923, Basic Books, 2005.

Hathaway, Jane, The Arab Lands under Ottoman Rule, 1516-1800, Pearson Education Ltd, 2008.

Howard, Douglas A, A History of the Ottoman Empire, Cambridge University Press, 2017.

Judson, Pieter M, *The Habsburg Empire,* The Belknap Press, 2016.

Kafadar, Cemal, Between Two Worlds: The Construction of the Ottoman State, University of California Press, 1995.

Karlsson, Ingmar, *Turkiets historia,* Historiska media, 2015.

McKay, John P., et al., *A History of World Societies,* Bedford/St Martins, 2014.

Nationalencyklopedin, NE, 2009.

Peirce, Leslie, The Imperial Harem: Women and Sovereignty in the Ottoman Empire, Oxford University Press, 1993.

Tezcan, Baki, The Second Ottoman Empire: Political and Social Transformation in the Early Modern World, Cambridge University Press, 2010.

Uyar, Mesut & Edward J. Erickson, *A Military History of the Ottomans,* Praeger Publishers, 2009.

Made in the USA
Middletown, DE
19 June 2023

32855217R00029